L'ESCLAVAGE
DES NOIRS,
OU
L'HEUREUX NAUFRAGE,

DRAME EN TROIS ACTES, EN PROSE.

Repréſenté à la Comédie Françoiſe, en Décembre 1789.

Par M.ᵐᵉ DE GOUGES, Auteur des *Vœux Forcés.*

———————

A PARIS,

CHEZ { La veuve DUCHESNE, rue Saint-Jacques,
La veuve BAILLY, barrière des Sergens,
Et chez les Marchands de Nouveautés.

————————

MARS 1792.

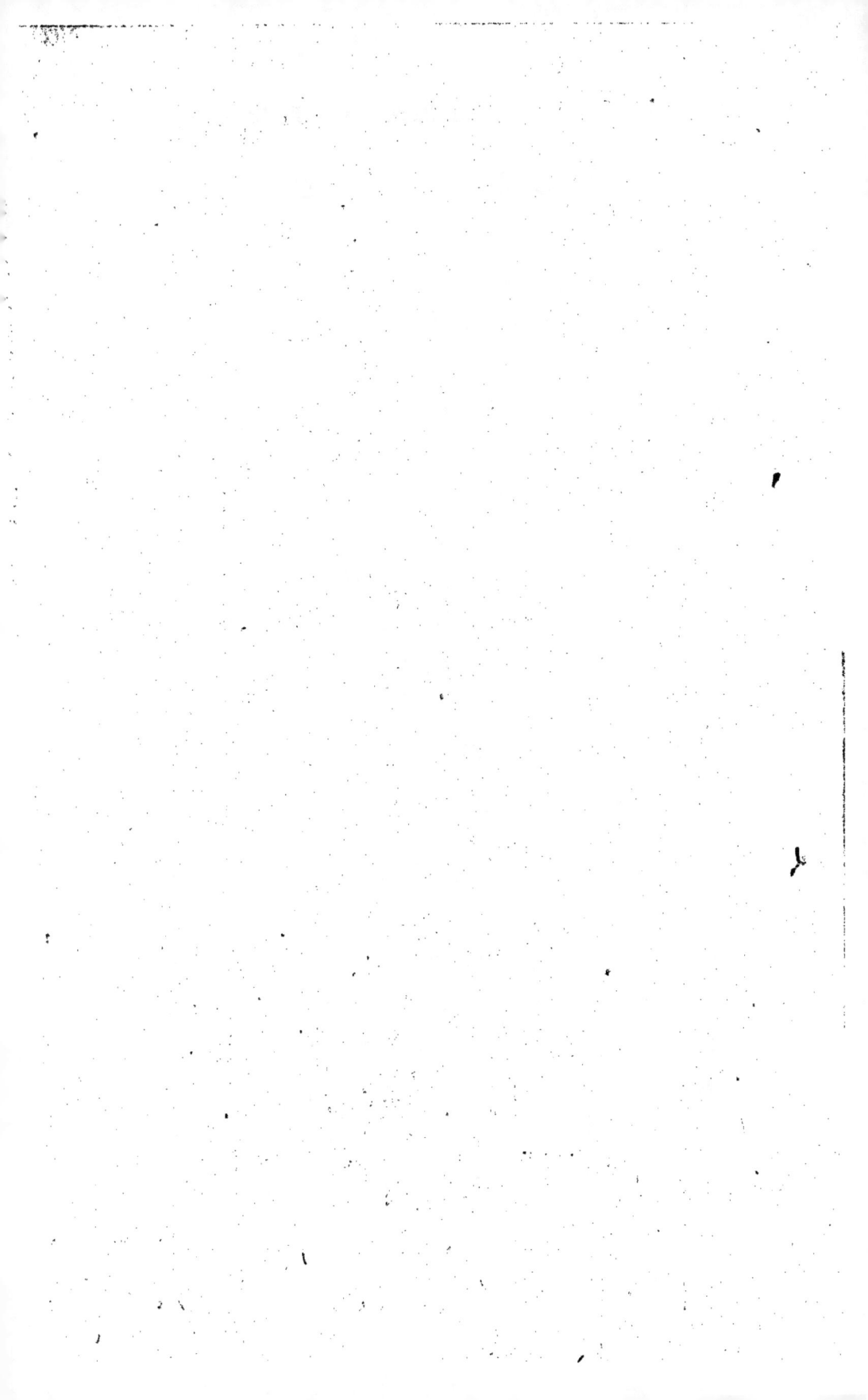

PRÉFACE.

DANS les siècles de l'ignorance les hommes se sont fait la guerre ; dans le siècle le plus éclairé, ils veulent se détruire. Quelle est enfin la science, le régime, l'époque, l'âge ou les hommes vivront en paix ? Les Savans peuvent s'appésantir & se perdre sur ces observations métaphysiques. Pour moi, qui n'ai étudié que les bons principes de la Nature, je ne définis plus l'homme, & mes connoissances sauvages ne m'ont appris à juger des choses que d'après mon ame. Aussi mes productions n'ont-elles que la couleur de l'humanité.

Le voilà enfin, ce Drame que l'avarice & l'ambition ont proscrit, & que les hommes justes approuvent. Sur ces diverses opinions quelle doit être la mienne ? Comme Auteur, il m'est permis d'approuver cette production philantropique ; mais comme témoin auriculaire des récits désastreux des maux de l'Amérique, j'abhor-

A

rerois mon Ouvrage, fi une main invi-
fible n'eût opéré cette révolution à laquelle je n'ai participé en rien que par la
prophétie que j'en ai faite. Cependant on
me blâme, on m'accufe fans connoître
même *l'Efclavage des Noirs*, reçu en
1783 à la Comédie Françoife, imprimé
en 1786, & repréfenté en Décembre
1789. Les Colons, à qui rien ne coûtoit
pour affouvir leur cruelle ambition, gagnè-
rent les Comédiens, & l'on affure.....
que l'interception de ce Drame n'a pas nui
à la recette ; mais ce n'eft point le procès
des Comédiens ni des Colons que je veux
faire, c'eft le mien.

Je me dénonce à la voix publique ; me
voilà en état d'arreftation : je vais moi-
même plaider ma caufe devant e Tri-
bunal augufte, frivole..... ai redou-
table. C'eft au fcrutin des co ciences
que je vais livrer mon procès ; c'eft à
la pluralité des voix que je vais le perdre
ou le gagner.

L'Auteur, ami de la vérité, l'Auteur
qui n'a d'autre intérêt que de rappeller

les hommes aux principes bienfaisans de la Nature, qui n'en respecte pas moins les loix, les convenances sociales, est toujours un mortel estimable, & si ses écrits ne produisent pas tout le bien qu'il s'en étoit promis, il est à plaindre plus qu'à blâmer.

Il m'est donc important de convaincre le Public & les détracteurs de mon Ouvrage, de la pureté de mes maximes. Cette production peut manquer par le talent, mais non par la morale. C'est à la faveur de cette morale que l'opinion doit revenir sur mon compte.

Quand le Public aura lu ce Drame, conçu dans un tems où il devoit paroître un Roman tiré de l'antique féérie, il reconnoîtra qu'il est le tableau fidèle de la situation actuelle de l'Amérique. Tel que ce Drame fut approuvé sous le despotisme de la presse, je le donne aujourd'hui sous l'an quatrième de la liberté. Je l'offre au Public comme une pièce authentique & nécessaire à ma justification. Cette production est-elle incendiaire? non. Pré-

A 2

sente-t-elle un caractère d'insurrection ?
non. A-t-elle un but moral ? oui sans doute.
Que me veulent donc ces Colons pour
parler de moi avec des termes si peu ména-
gés ? Mais ils sont malheureux, je les
plains, & je respecterai leur déplorable
sort ; je ne me permettrai pas même de
leur rappeller leur inhumanité : je me permettrai seulement de leur citer tout ce que
j'ai écrit pour leur conserver leurs propriétés & leurs plus chers intérêts : ce Drame
en est une preuve.

C'est à vous, actuellement, esclaves,
hommes de couleur, à qui je vais parler ;
j'ai peut-être des droits incontestables pour
blâmer votre férocité : cruels, en imitant
les tyrans, vous les justifiez. La plupart de
vos Maîtres étoient humains & bienfaisans,
& dans votre aveugle rage vous ne distin-
guez pas les victimes innocentes de vos
persécuteurs. Les hommes n'étoient pas
nés pour les fers, & vous prouvez qu'ils
sont nécessaires. Si la force majeure est de
votre côté, pourquoi exercer toutes les
fureurs de vos brûlantes contrées ? Le

poifon, le fer, les poignards, l'invention
des fupplices les plus barbares & les plus
atroces ne vous coûtent rien, dit - on.
Quelle cruauté ! quelle inhumanité ! Ah !
combien vous faites gémir ceux qui vou-
loient vous préparer, par des moyens tem-
pérés, un fort plus doux, un fort plus
digne d'envie que tous ces avantages
illufoires avec lefquels vous ont égarés
les auteurs des calamités de là France &
de l'Amérique. La tyrannie vous fuivra,
comme le crime s'eft attaché à ces hommes
pervers. Rien ne pourra vous accorder
entre vous. Redoutez ma prédiction, vous
favez fi elle eft fondée fur des bafes vraies
& folides. C'eft d'après la raifon, d'après
la juftice divine, que je prononce mes ora-
cles. Je ne me rétracte point : j'abhorre
vos Tyrans, vos cruautés me font horreur.

Ah ! fi mes confeils vont jufqu'à vous,
fi vous en reconnoiffez tout l'avantage,
j'ofe croire qu'ils calmeront vos efprits in-
domptés, & vous rameneront à une con-
corde indifpenfable au bien de la Colonie
& à vos propres intérêts. Ces intérêts ne

consistent que dans l'ordre social, vos droits dans la sagesse de la Loi ; cette Loi reconnoît tous les hommes frères ; cette Loi auguste que la cupidité avoit plongée dans le chaos est enfin sortie des ténèbres. Si le sauvage, l'homme féroce la méconnoît, il est fait pour être chargé de fers & dompté comme les brutes.

Esclaves, gens de couleur, vous qui vivez plus près de la Nature que les Européens, que vos Tyrans, reconnoissez donc ses douces loix, & faites voir qu'une Nation éclairée ne s'est point trompée en vous traitant comme des hommes & vous rendant des droits que vous n'eûtes jamais dans l'Amérique. Pour vous rapprocher de la justice & de l'humanité, rappellez-vous, & ne perdez jamais de vue, que c'est dans le sein de votre Patrie qu'on vous condamne à cette affreuse servitude, & que ce sont vos propres parens qui vous mènent au marché : qu'on va à la chasse des hommes dans vos affreux climats, comme on va ailleurs à la chasse des animaux. La véritable Philosophie de l'homme éclairé le porte à arracher son semblable du sein d'une horrible situation primitive où les hommes non-seulement se vendoient, mais où ils se mangeoient encore entr'eux. Le véritable homme ne considère que l'homme. Voilà mes principes, qui diffèrent bien de ces prétendus défenseurs de la Liberté, de ces boute-feux, de ces esprits incendiaires qui prêchent l'égalité, la liberté, avec toute l'autorité & la férocité des Despotes. L'Amérique, la France, & peut-être l'Univers, devront leur chûte à quelques énergumènes que la France a produits, la décadence des Empires & la perte des arts & des sciences. C'est peut-être une funeste vérité. Les hommes ont vieilli, ils paroissent vouloir renaître, & d'après les principes de M. *Brissot*, la vie animale convient parfaitement à l'homme ; j'aime plus que lui la Nature, elle a placé dans mon ame les loix de l'humanité & d'une sage égalité ; mais quand je considère cette Nature, je la vois souvent en contradiction avec ses principes, & tout m'y paroît

A 4

ſubordonné. Les animaux ont leurs Empires, des Rois, des Chefs, & leur règne
eſt paiſible ; une main inviſible & bienfai-
ſante ſemble conduire leur adminiſtration.
Je ne ſuis pas tout-à-fait l'ennemie des
principes de M. *Briſſot*, mais je les crois
impraticables chez les hommes : avant lui
j'ai traité cette matière. J'ai ôſé, après
l'auguſte Auteur du Contrat Social, donner le Bonheur Primitif de l'Homme,
publié en 1789. C'eſt un Roman que j'ai
fait, & jamais les hommes ne ſeront aſſez
purs, aſſez grands pour remonter à ce
bonheur primitif, que je n'ai trouvé que
dans une heureuſe fiction. Ah ! s'il étoit
poſſible qu'ils puſſent y arriver, les loix
ſages & humaines que j'établis dans ce
contrat ſocial, rendroient tous les hommes
frères, le Soleil ſeroit le vrai Dieu qu'ils
invoqueroient ; mais toujours varians, le
Contrat Social, le Bonheur Primitif &
l'Ouvrage *auguſte* de M. *Briſſot* ſeront
toujours des chimères, & non une utile
inſtruction. Les imitations de Jean-Jacques
ſont défigurées dans ce nouveau régime,

que feroient donc *celles* de Mme *de Gouges*
& *celles* de M. *Briffot?* Il eft aifé, même
au plus ignorant, de faire des révolutions
fur quelques cahiers de papier ; mais,
hélas ! l'expérience de tous les Peuples, &
celle que font les François, m'apprennent
que les plus favans & les plus fages n'éta-
bliffent pas leurs doctrines fans produire
des maux de toutes efpèces. Voilà ce
que nous offre l'hiftoire de tous les pays.

Je m'écarte du but de ma Préface, &
le tems ne me permet pas de donner un
libre cours à des raifons philofophiques. Il
s'agiffoit de juftifier l'*Efclavage des Noirs*,
que les odieux Colons avoient profcrit,
& préfenté comme un ouvrage incendiaire.
Que le public juge & prononce, j'attends
fon arrêt pour ma juftification.

PERSONNAGES.

ZAMOR, Indien inftruit.

MIRZA, jeune Indienne, amante de Zamor.

M. DE SAINT-FRÉMONT, Gouverneur d'une Iſle dans l'Inde.

Mme DE SAINT-FRÉMONT, ſon épouſe.

VALERE, Gentilhomme François, époux de Sophie.

SOPHIE, fille naturelle de M. de Saint-Frémont.

BETZI, Femme de Chambre de Mme de Saint-Frémont.

CAROLINE, Efclave.

UN INDIEN, Intendant des Efclaves de M. de Saint-Frémont.

AZOR, Valet de M. de Saint-Frémont.

M. DE BELFORT, Major de la Garniſon.

UN JUGE.

UN DOMESTIQUE de M. de Saint-Frémont.

UN VIEILLARD INDIEN.

PLUSIEURS HABITANS INDIENS des deux ſexes, & Efclaves.

GRENADIERS ET SOLDATS FRANÇOIS.

La Scène ſe paſſe, au premier Acte, dans une Iſle déſerte ; au ſecond, dans une grande Ville des Indes, voiſine de cette Iſle, & au troiſième, dans une Habitation proche cette Ville.

L'ESCLAVAGE
DES NOIRS,
OU
L'HEUREUX NAUFRAGE.

ACTE PREMIER.

Le Théâtre repréfente le rivage d'une Ifle déferte, bordée & environnée de rochers efcarpés, à travers lefquels on apperçoit la pleine mer dans le lointain. Sur un des côtés en avant eft l'ouverture d'une cabanne entourée d'arbres fruitiers du climat : l'autre côté eft rempli par l'entrée d'une forêt qui paroît impénétrable. Au moment où le rideau fe lève, une tempête agite les flots : on voit un navire qui vient fe brifer fur la côte. Les vents s'appaifent & la mer fe calme peu à peu.

SCÈNE PREMIÈRE.
ZAMOR, MIRZA.
ZAMOR.

DISSIPE tes frayeurs, ma chère Mirza ; ce vaiffeau n'eft point envoyé par nos perfécuteurs ; autant que je puis en juger il eft François. Hélas ! il vient de fe brifer fur ces côtes, perfonne de l'équipage ne s'eft fauvé.

MIRZA.

Zamor, je ne crains que pour toi ; le fupplice n'a rien qui m'effraie ; je bénirai mon
fort fi nous terminons nos jours enfemble.

ZAMOR.

O ma Mirza ! que tu m'attendris !

MIRZA.

Hélas ! qu'as-tu fait ? mon amour t'a rendu
coupable. Sans la malheureufe Mirza tu n'aurois jamais fui le meilleur de tous les Maîtres,
& tu n'aurois pas tué fon homme de confiance.

ZAMOR.

Le barbare ! il t'aima, & ce fut pour devenir ton tyran. L'amour le rendit féroce. Le
tigre ofa me charger du châtiment qu'il t'in-
fligeoit pour n'avoir pas voulu répondre à fa
paffion effrénée. L'éducation que notre Gouverneur m'avoit fait donner ajoutoit à la fenfibilité de mes mœurs fauvages, & me ren-
doit encore plus infupportable le defpotifme
affreux qui me commandoit ton fupplice.

MIRZA.

Il falloit me laiffer mourir ; tu ferois auprès
de notre Gouverneur qui te chérit comme fon
enfant. J'ai caufé tes malheurs & les fiens.

ZAMOR.

Moi, te laisser périr! ah! Dieux! Eh! pourquoi me rappeller les vertus & les bontés de ce respectable Maître? J'ai fait mon devoir auprès de lui : j'ai payé ses bienfaits, plutôt par la tendresse d'un fils, que par le dévouement d'un esclave. Il me croit coupable, & voilà ce qui rend mon tourment plus affreux. Il ne sait point quel monstre il avoit honoré de sa confiance. J'ai sauvé mes semblables de sa tyrannie; mais, ma chère Mirza, perdons un souvenir trop cher & trop funeste : nous n'avons plus de protecteurs que la Nature. Mère bienfaisante! tu connois notre innocence. Non, tu ne nous abandonneras pas, & ces lieux déserts nous cacheront à tous les yeux.

MIRZA.

Le peu que je sais, je te le dois, Zamor; mais dis-moi pourquoi les Européens & les Habitans ont-ils tant d'avantage sur nous, pauvres esclaves? Ils sont cependant faits comme nous : nous sommes des hommes comme eux : pourquoi donc une si grande différence de leur espèce à la nôtre?

ZAMOR.

Cette différence est bien peu de chose; elle n'existe que dans la couleur; mais les avan-

tages qu'ils ont fur nous font immenfes. L'art
les a mis au-deffus de la Nature : l'inftruction
en a fait des Dieux, & nous ne fommes que
des hommes. Ils fe fervent de nous dans ces
climats comme ils fe fervent des animaux dans
les leurs. Ils font venus dans ces contrées, fe
font emparés des terres, des fortunes des
Naturels des Ifles, & ces fiers raviffeurs des
propriétés d'un peuple doux & paifible dans
fes foyers, firent couler tout le fang de fes
nobles victimes, fe partagèrent entr'eux fes
dépouilles fanglantes, & nous ont faits efclaves
pour récompenfe des richeffes qu'ils ont
ravies, & que nous leur confervons. Ce font
ces propres champs qu'ils moiffonnent, femés
de cadavres d'Habitans, & ces moiffons font
actuellement arrofées de nos fueurs & de nos
larmes. La plupart de ces maîtres barbares
nous traitent avec une cruauté qui fait frémir la
Nature. Notre efpèce trop malheureufe s'eft
habituées à ces châtimens. Ils fe gardent bien
de nous inftruire. Si nos yeux venoient à
s'ouvrir, nous aurions horreur de l'état où ils
nous ont réduits, & nous pourrions fecouer
un joug auffi cruel que honteux ; mais eft-il
en notre pouvoir de changer notre fort ?
L'homme avili par l'efclavage a perdu toute
fon énergie, & les plus abrutis d'entre nous

font les moins malheureux. J'ai témoigné toujours le même zèle à mon maître; mais je
me fuis bien gardé de faire connoître ma façon
de penfer à mes camarades. Dieu! détourne
le préfage qui menace encore ce climat,
amollis le cœur de nos Tyrans, & rends à
l'homme le droit qu'il a perdu dans le fein
même de la Nature.

M I R Z A.

Que nous fommes à plaindre!

Z A M O R.

Peut-être avant peu notre fort va changer.
Une morale douce & confolante a fait tomber
en Europe le voile de l'erreur. Les hommes
éclairés jettent fur nous des regards attendris:
nous leur devrons le retour de cette précieufe
liberté, le premier tréfor de l'homme, & dont
des ravifleurs cruels nous ont privés depuis fi
long-tems.

M I R Z A.

Je ferois bien contente d'être auffi inftruite
que toi; mais je ne fais que t'aimer.

Z A M O R.

Ta naïveté me charme; c'eft l'empreinte
de la Nature. Je te quitte un moment. Va

cueillir des fruits. Je vais faire un tour au bas
de la côte pour y rassembler les débris de ce
naufrage. Mais, que vois-je ! une femme qui
lutte contre les flots ! Ah ! Mirza, je vole à
son secours. L'excès du malheur doit-il dis-
penser d'être humain ? (*Il descend du côté du
rocher.*)

SCÈNE II.

MIRZA, *seule.*

Zamor va sauver cette infortunée ! Puis-je
ne pas adorer un cœur si tendre, si compâ-
tissant ? A présent que je suis malheureuse,
je sens mieux combien il est doux de soulager
le malheur des autres. (*Elle sort du côté de
la forêt.*)

SCÈNE III.

VALÈRE, *seul, entre par le côté opposé
à celui où Mirza est sortie.*

Rien ne paroît sur les vagues encore émues.
O ma femme ! tu es perdue à jamais ! Eh !
pourrois-je te survivre? Non : il faut me réunir
à toi. J'ai recueilli mes forces pour te sauver la
vie,

vie, & j'ai seul échappé à la fureur des flots.
Je ne respire qu'avec horreur : séparé de toi,
chaque instant redouble mes peines. En vain
je te cherche, en vain je t'appelle : Ta voix
retentit dans mon cœur, mais elle ne frappe
pas mon oreille. Je te suis. (*Il descend avec
peine & tombe au fond du Théâtre appuyé sur
une roche.*) Un nuage épais couvre mes yeux,
ma force m'abandonne ! Grand Dieu, accorde-
moi celle de me traîner jusqu'à la mer ! Je ne
puis plus me soutenir. (*Il reste immobile d'é-
puisement.*)

SCÈNE IV.

VALÈRE, MIRZA.

MIRZA, *accourant & appercevant Valère.*

AH! Dieu! Quel est cet homme ? S'il
venoit pour se saisir de Zamor & me séparer de
lui ! Hélas ! que deviendrois-je ? Mais, non,
il n'a peut-être pas un si mauvais dessein ; ce
n'est pas un de nos persécuteurs. Je souffre....
Malgré mes craintes, je ne puis m'empêcher
de le secourir. Je ne puis plus long-tems le
voir en cet état. Il a l'air d'un François. (*A
Valère.*) Monsieur, Monsieur le François....

B

Il ne répond point. Que faire ? (*Elle appelle.*) Zamor, Zamor. (*Avec réflexion.*) Montons sur le rocher pour voir s'il vient. (*Elle y court & en redescend aussi-tôt.*) Je ne le vois pas. (*Elle revient à Valère.*) François, François, réponds-moi ? Il ne répond pas. Quels secours puis-je lui donner ? Je n'ai rien, que je suis malheureuse ! (*Prenant le bras de Valère & lui frappant dans la main.*) Pauvre étranger, il est bien malade, & Zamor ne revient pas : il a plus de force que moi ; mais allons chercher dans notre cabanne de quoi le faire revenir. (*Elle sort.*)

SCÈNE V.

VALÈRE, ZAMOR, SOPHIE.

ZAMOR, *entrant du côté du rocher, & portant sur ses bras Sophie qui paroît évanouie, vêtue d'une robe blanche à la lévite, avec une ceinture & les cheveux épars.*

REPRENEZ vos forces, Madame, je ne suis qu'un esclave Indien, mais je vous donnerai du secours.

SOPHIE, *d'une voix expirante.*

Qui que vous foyiez, laiffez-moi. Votre pitié m'eft plus cruelle que les flots. J'ai perdu ce que j'avois de plus cher. La vie m'eft odieufe. O Valère ! O mon époux ! qu'es-tu devenu ?

VALÈRE.

Quelle voix fe fait entendre ? Sophie !

SOPHIE, *l'apperçoit.*

Que vois-je...... C'eft lui !

VALÈRE, *fe levant & tombant aux pieds de Sophie.*

Grand Dieu ! vous me rendez ma Sophie ! O chère époufe ! objet de mes larmes & de ma tendreffe ! Je fuccombe à ma douleur & à ma joie.

SOPHIE.

Providence divine ! tu m'as fauvée ! achève ton ouvrage, & rends moi mon père.

S.CÈNE VI.

VALÈRE, ZAMOR, SOPHIE, MIRZA,
*apportant des fruits & de l'eau ; elle entre
en courant, & furprife de voir une femme,
elle s'arrête.*

ZAMOR.

APPROCHE, Mirza, ne crains rien. Ce
font deux infortunés comme nous ; ils ont des
droits fur notre ame.

VALÈRE.

Être compâtiffant à qui je dois la vie &
celle de mon époufe ! tu n'es point un Sauvage ; tu n'en as ni le langage ni les mœurs.
Es-tu le maître de cette Ifle ?

ZAMOR.

Non, mais nous l'habitons feuls depuis quelques jours. Vous me paroiffez François. Si la fo-
ciété d'efclaves ne vous femble pas méprifable,
c'eft de bon cœur qu'ils partageront avec vous
la poffeffion de cette Ifle, & fi le deftin le
veut, nous finirons nos jours enfemble.

SOPHIE, *à Valère.*

Que ce langage m'intéreffe ! (*Aux Efclaves.*) Mortels généreux, j'accepterois vos

offres, si je n'allois plus loin chercher un père que peut-être je ne retrouverai jamais ! Depuis deux ans que nous errons sur les mers, nous n'avons pu le découvrir.

VALÈRE.

Eh bien ! restons dans ces lieux : acceptons pour quelque - tems l'hospitalité de ces Indiens, & sois persuadée, ma chère Sophie, qu'à force de persévérance nous découvrirons l'auteur de tes jours dans ce Continent.

SOPHIE.

Cruelle destinée ! nous avons tout perdu, comment continuer nos recherches ?

VALÈRE.

Je partage ta peine. (*Aux Indiens.*) Généreux mortels, ne nous abandonnez pas.

MIRZA.

Nous, vous abandonner ! Jamais, non, jamais.

ZAMOR.

Oui, ma chère Mirza, consolons-les dans leurs infortunes. (*A Valère & à Sophie.*) Reposez-vous sur moi ; je vais parcourir tous les environs du rocher : si les pertes que vous avez faites sont parmi les débris du vaisseau, je vous promets de vous les apporter. Entrez dans notre cabane, Étrangers malheureux ; vous avez befoin de repos ; je vais tâcher de rendre le calme à vos efprits agités.

S O P H I E.

Mortels compâtiffans, que de graces nous avons à vous rendre ! vous nous avez fauvé la vie, comment m'acquitter jamais envers vous ?

Z A M O R.

Vous ne me devez rien, en vous fecourant je ne fais qu'obéir à la voix de mon cœur. (*Il fort.*)

S C È N E V I I.

MIRZA, SOPHIE, VALÈRE.

M I R Z A, *à Sophie.*

JE vous aime bien, quoique vous ne foyez pas efclave. Venez, j'aurai foin de vous. Donnez-moi votre bras. Ah ! la jolie main, quelle différence avec la mienne ! Afféyons-nous ici. (*Avec gaieté.*) Que je fuis contente d'être avec vous ! Vous êtes auffi belle que la femme de notre Gouverneur.

SOPHIE.

Oui ? vous avez donc un Gouverneur dans cette Ifle ?

VALÈRE.

Il me femble que vous nous avez dit que vous l'habitiez feule ?

MIRZA, *avec franchife.*

Oh ! c'eft bien vrai, & Zamor ne vous a point trompés. Je vous ai parlé du Gouverneur de la Colonie, qui n'habite pas avec nous. (*A part.*) Il faut prendre garde à ce que je vais dire ; car s'il favoit que Zamor a tué un blanc, il ne voudroit pas refter avec nous.

SOPHIE, *à Valère.*

Son ingénuité m'enchante ; fa phyfionomie eft douce, & prévient en fa faveur.

VALÈRE.

Je n'ai pas vu de plus jolie Négreffe.

MIRZA.

Vous vous moquez, je ne fuis pas cependant la plus jolie ; mais, dites-moi, les Françoifes font-elles toutes auffi belles que vous ? Elles doivent l'être, car les François font tous bons, & vous n'êtes pas efclaves.

VALÈRE.

Non, les François voient avec horreur l'esclavage. Plus libres un jour ils s'occuperont d'adoucir votre fort.

MIRZA, *avec furprife.*

Plus libres un jour, comment, eſt-ce que vous ne l'êtes pas ?

VALÈRE.

Nous fommes libres en apparence, mais nos fers n'en font que plus peſans. Depuis pluſieurs ſiècles les François gémiſſent ſous le deſpotiſme des Miniſtres & des Courtiſans. Le pouvoir d'un ſeul Maître eſt dans les mains de mille Tyrans qui foulent ſon Peuple. Ce Peuple un jour briſera ſes fers, & reprenant tous ſes droits écrits dans les loix de la Nature, apprendra à ces Tyrans ce que peut l'union d'un peuple trop long-tems opprimé, & éclairé par une ſaine philofophie.

MIRZA.

Oh ! bon Dieu ! Il y a donc par-tout des hommes méchans !

SCÈNE VIII.

ZAMOR, *sur le rocher*, SOPHIE, VALÈRE,
MIRZA.

ZAMOR.

C'en est fait, malheureux Étrangers ! vous
n'avez plus d'espoir. Une vague vient d'en-
gloutir le reste de l'équipage avec toutes vos
espérances.

SOPHIE.

Hélas ! qu'allons-nous devenir ?

VALÈRE.

Un vaisseau peut aborder dans cette Isle.

ZAMOR.

Vous ne connoissez pas, malheureux Étrangers, combien cette côte est dangereuse. Il
n'y a que des infortunés comme Mirza & moi,
qui aient osé s'en approcher & vaincre tout péril
pour l'habiter. Nous ne sommes cependant
qu'à deux lieues d'une des plus grandes villes
de l'Inde ; ville que je ne reverrai jamais à
moins que nos tyrans ne viennent nous arracher
d'ici pour nous faire éprouver le supplice au-
quel nous sommes condamnés.

SOPHIE.

Le supplice!

VALÈRE.

Quel crime avez-vous commis l'un & l'autre ?
Ah ! je le vois ; vous êtes trop instruit pour un
esclave , & votre éducation a sans doute coûté
cher à celui qui vous l'a donnée.

ZAMOR.

Monsieur , n'ayez point sur moi les préjugés
de vos semblables. J'avois un Maître qui m'é-
toit cher; j'aurois sacrifié ma vie pour prolonger ses jours ; mais son Intendant étoit un
monstre dont j'ai purgé la terre. Il aima Mirza ;
mais son amour fut méprisé. Il apprit qu'elle
me préféroit, & dans sa fureur il me fit éprouver
des traitemens affreux ; mais le plus terrible
fut d'exiger de moi que je devinsse l'instru-
ment de sa vengeance contre ma chère Mirza.
Je rejettai avec horreur une pareille commission.
Irrité de ma désobéissance , il courut sur moi
l'épée nue ; j'évitai le coup qu'il vouloit me
porter; je le désarmai , & il tomba mort à
mes pieds. Je n'eus que le tems d'enlever
Mirza & de fuir avec elle dans une chaloupe.

SOPHIE.

Que je le plains , ce malheureux ! Quoiqu'il ait commis un meurtre, son meurtre
me paroit digne de grace.

VALÈRE.

Je m'intéresse à leur sort, ils m'ont rappellé à la vie, ils ont sauvé la tienne : je les défendrai aux dépens de mes jours. J'irai moi-même voir son Gouverneur : S'il est François, il doit être humain & généreux.

ZAMOR.

Oui, Monsieur, il est François, & le meilleur des hommes.

MIRZA.

Ah! si tous les Colons lui ressembloient, nous serions moins malheureux.

ZAMOR.

Je fus à lui dès l'age de huit ans, il se plaisoit à me faire instruire, & m'aimoit comme si j'eusse été son fils ; car il n'en a jamais eu, ou peut-être en est-il privé ; il semble regretter quelque chose. On l'entend quelquefois soupirer ; sûrement il s'efforce de cacher quelque grand chagrin. Je l'ai surpris souvent versant des larmes ; il adore sa femme, & elle le paie bien de retour. S'il ne dépendoit que de lui, j'aurois ma grace ; mais il faut un exemple. Il n'y a point de pardon à espérer pour un esclave qui a levé la main sur son Commandeur.

SOPHIE, à *Valère.*

Je ne sais pourquoi ce Gouverneur m'intéresse. Le récit de ses chagrins oppresse mon
cœur ; il est généreux, clément : il peut vous
pardonner. J'irai moi-même me jetter à ses
pieds. Son nom ? Si nous pouvions sortir de
cette Isle.

ZAMOR.

Il se nomme Monsieur de Saint-Frémont.

SOPHIE.

Hélas ! ce nom ne m'est point connu ; mais
n'importe, il est François : il m'entendra, &
j'espère le fléchir. (*A Valère.*) Si avec la
chaloupe qui les a sauvés, nous pouvions nous
conduire au port, il n'y a point de péril que je
n'affronte pour les défendre.

VALÈRE.

Je t'admire, ma chère Sophie ! j'approuve
ton dessein : nous n'avons qu'à nous rendre
auprès de leur Gouverneur. (*Aux Esclaves.*)
Mes amis, cette démarche nous acquitte foi-
blement envers vous. Heureux si nos prières &
nos larmes touchent votre généreux Maître !
Partons, mais que vois-je ? des esclaves qui
nous examinent & qui viennent avec préci-
pitation vers nous. Ils apportent des chaînes.

SOPHIE.

Malheureux, vous êtes perdus !

ZAMOR, *se retourne, & voyant les Esclaves.*

Mirza, c'en est fait ! nous sommes découverts.

SCÈNE IX.

LES PRÉCÉDENS, UN INDIEN, *plusieurs Esclaves qui descendent du rocher en courant.*

L'INDIEN, *à Zamor.*

SCÉLÉRAT ! enfin, je te trouve ; tu n'échapperas pas au supplice.

MIRZA.

Qu'on me fasse mourir avant lui !

ZAMOR.

O ma chère Mirza !

L'INDIEN.

Qu'on les enchaîne.

VALÈRE.

Monsieur, écoutez nos prières ! Qu'allez-vous faire de ces Esclaves ?

L'INDIEN.

Un exemple terrible.

SOPHIE.

Vous les emmenez pour les faire mourir? Vous nous ôterez plutôt la vie, avant de les arracher de nos bras.

VALÈRE.

Que fais-tu? ma chère Sophie! Nous pouvons tout espérer de l'indulgence du Gouverneur.

L'INDIEN.

Ne vous en flattez pas. Monfieur le Gouverneur doit un exemple à la Colonie. Vous ne connoiffez point cette maudite race; ils nous égorgeroient fans pitié fi la voix de l'humanité nous parloit en leur faveur. Voilà ce qu'on doit toujours attendre même des Efclaves qu'on inftruit. Ils font nés pour être fauvages, & domptés comme les animaux.

SOPHIE.

Quel affreux préjugé! La Nature ne les a point faits Efclaves; ils font hommes comme vous.

L'INDIEN.

Quel langage tenez vous-là, Madame?

SOPHIE.

Le même que je tiendrois à votre Gouverneur. C'est par reconnoissance que je m'intéresse à ces infortunés, qui connoissent mieux
que vous les droits de la pitié, & celui dont
vous tenez la place étoit sans doute un homme
atroce.

ZAMOR.

Ah ! Madame, cessez de le prier ; son ame
est endurcie & ne connoît point l'humanité.
Il est de son emploi de signaler tous les jours
cette rigueur. Il croiroit manquer à son devoir,
s'il ne la poussoit pas jusqu'à la cruauté.

L'INDIEN.

Malheureux !

ZAMOR.

Je ne te crains plus. Je connois mon sort
& je le subirai.

SOPHIE.

Que leur malheur les rend intéressans !
Que ne serois-je point pour les sauver !

VALÈRE, à l'Indien.

Emmenez-nous, Monsieur, avec eux. Vous
nous obligerez de nous retirer d'ici. (*A part.*)
J'espère fléchir le Gouverneur.

L'INDIEN.

J'y confens avec plaisir, d'autant plus que le
danger pour fortir de cette Isle n'est pas le
même que pour y arriver.

VALÈRE.

Mais, Monsieur, comment avez-vous pû
y aborder ?

L'INDIEN.

J'ai tout risqué pour le bien de la Colonie.
Voyez s'il est possible de leur faire grace.
Nous ne sommes plus les Maîtres de nos Esclaves. Les jours de notre Gouverneur sont
peut-être en danger, & ces deux misérables
ne seront pas plutôt punis, que le calme re-
naîtra dans les habitations. (*Aux Nègres.*)
Nègres, qu'on tire le canon, & que le signal
convenu annonce au Fort que les criminels
sont pris.

ZAMOR.

Allons, Mirza, allons mourir.

MIRZA.

Ah ! Dieu ! je suis cause de ta mort.

ZAMOR.

ZAMOR.

La bonne action que nous avons faite en
sauvant ces Étrangers jettera quelques charmes
sur nos derniers momens, & nous goûterons
au moins la douceur de mourir ensemble.

*On emmène Zamor & Mirza ; les autres
personnages les suivent, & tous vont s'embarquer. Un instant après on voit passer
le navire qui les porte.*

Fin du premier Acte.

C

ACTE II.

Le Théâtre change & repréfente un Salon de Compagnie meublé à l'Indienne.

SCÈNE PREMIÈRE.

BETZI, AZOR.

BETZI.

EH bien, Azor, que dit-on de Mirza & de Zamor? On les fait chercher par-tout.

AZOR.

On parle de les faire mourir fur le rocher de l'habitation ; je crois même qu'on fait les préparatifs de leur fupplice. Je tremble qu'on ne les trouve.

BETZI.

Mais, Monfieur le Gouverneur peut leur faire grace. Il en eft le maître.

AZOR.

Il faut que cela foit impoffible ; car il aime Zamor, & il dit qu'il n'a jamais eu à fe plaindre de lui. Toute la Colonie demande leur mort, & il ne peut la refuser fans fe compromettre.

BETZI.

Notre Gouverneur n'étoit point fait pour être un tyran.

AZOR.

Comme il eft bon avec nous ! Tous les François font de même ; mais les Naturels du pays font bien plus cruels.

BETZI.

L'on m'a affuré que dans les premiers tems nous n'étions pas efclaves.

AZOR.

Tout nous porte à le croire. Il y a encore des climats où les Nègres font libres.

BETZI.

Qu'ils font heureux !

AZOR.

Ah ! nous fommes bien à plaindre.

BETZI.

Et perfonne ne prend notre défenfe ! On nous défend même de prier pour nos femblables.

A Z O R.

Hélas ! le père & la mère de la malheureuse Mirza feront témoins du supplice de leur
fille.

B E T Z I.

Quelle férocité !

A Z O R.

Voilà comme on nous traite.

B E T Z I.

Mais, dis-moi, Azor, pourquoi Zamor
a-t-il tué l'Intendant ?

A Z O R.

On m'a assuré que c'étoit par jalousie. Tu
sais bien que Zamor étoit l'amant de Mirza.

B E T Z I.

Oui, c'est toi qui me l'as appris.

A Z O R.

Le Commandeur l'aimoit aussi.

B E T Z I.

Mais il ne devoit point le tuer pour cela.

A Z O R.

Il est vrai.

BETZI.

Il y avoit d'autre raisons.

AZOR.

Cela se peut bien, mais je les ignore.

BETZI.

Si on pouvoit les faire échapper, je suis sûre que Monsieur & Madame de St-Frémont n'en seroient pas fâchés.

AZOR.

Je le crois bien, mais ceux qui les serviroient s'exposeroient beaucoup.

BETZI.

Sans doute ; mais il n'y auroit pas punition de mort.

AZOR.

Peut-être, je sais bien toujours que je ne m'y exposerois pas.

BETZI.

Il faudroit du moins parler à leurs amis ; ils pourroient gagner les autres esclaves. Ils aiment tous Zamor & Mirza.

AZOR.

On parle de faire mettre le régiment sous les armes.

C 3

BETZI.

Il n'y a plus d'espoir.

AZOR.

Nous devons au contraire, pour le bien de nos camarades, les exhorter à l'obéissance.

BETZI.

Tu as raison : fais-le si tu peux, car je n'en aurois jamais la force.

SCÈNE II.

LES PRÉCÉDENS, CORALINE.

CORALINE, en courant.

O mes chers camarades ! quelle mauvaise nouvelle je viens vous apprendre ! On assure qu'on a entendu le canon & que Zamor & Mirza sont pris.

AZOR.

Allons donc, cela n'est pas possible, Coraline.

BETZI.

Grand Dieu !

CORALINE.

J'étois sur le port au moment qu'on annon-
çoit cette malheureuse nouvelle. Plusieurs Colons attendoient avec impatience un navire
qu'on découvroit dans le lointain. Il est enfin
entré au port, & aussi-tôt tous les habitans
l'ont entouré, & moi, toute tremblante, je
me suis enfuie. Pauvre Mirza ! malheureux
Zamor ! nos tyrans ne leur feront pas grace.

AZOR.

Oh ! je t'en réponds bien ; ils seront bientôt
morts.

BETZI.

Sans être entendus ? sans être jugés ?

CORALINE.

Jugés ! il nous est défendu d'être innocens &
de nous justifier.

AZOR.

Quelle générosité ! & on nous vend par-
dessus au marché comme des bœufs.

BETZI.

Un commerce d'hommes ! O Ciel ! l'humanité répugne.

A Z O R.

C'eſt bien vrai, mon père & moi avons été achetés à la Côte de Guinée.

C O R A L I N E.

Bon, bon, mon pauvre Azor, va, quelque ſoit notre déplorable ſort, j'ai un preſſentiment que nous ne ſerons pas toujours dans les fers, & peut-être avant peu......

A Z O R.

Eh bien! qu'eſt-ce que nous verrons? Serons nous maîtres à notre tour?

C O R A L I N E.

Peut-être; mais non, nous ſerions trop méchans. Tiens, pour être bon, il ne faut être ni maître ni eſclave.

A Z O R.

Ni maître, ni eſclave; oh! oh! & que veux-tu donc que nous ſoyons? Sais-tu, Coraline, que tu ne ſais plus ce que tu dis, quoique nos camarades aſſurent que tu en ſais plus que nous?

C O R A L I N E.

Va, va, mon pauvre garçon, ſi tu ſavois ce que je ſais! J'ai lu dans un certain Livre, que pour être heureux il ne falloit qu'être

libre & bon Cultivateur. Il ne nous manque
que la liberté, qu'on nous la donne, & tu
verras qu'il n'y aura plus ni maîtres ni efclaves.

AZOR.

Je ne t'entends pas.

BETZI.

Ni moi non plus.

CORALINE.

Mon Dieu, que vous êtes bons l'un & l'autre!
Dites-moi, Zamor n'avoit-il pas fa liberté?
A-t-il pour cela voulu quitter notre bon Maître;
nous ferons tous la même chofe. Que les
Maîtres donnent la liberté, aucun Efclaye ne
quittera les atteliers. Infenfiblement les plus
fauvages d'entre nous s'inftruiront, reconnoî-
tront les loix de l'humanité & de la juftice, &
nos fupérieurs trouveront dans notre attachement, dans notre zèle, la récompenfe de ce
bienfait.

AZOR.

Tu parles comme un homme! Je crois entendre M. le Gouverneur...... Oh! qu'il
faut avoir de l'efprit pour retenir tout ce que
les autres difent. Mais, voici Madame.

BETZI.

Voici Madame, taisons-nous.

CORALINE.

Il ne faut pas dire à Madame que l'on craint que Zamor ne soit pris. Cela lui seroit trop de peine.

AZOR.

Oh ! oui.

SCÈNE III.

LES PRÉCÉDENS, Mme DE ST-FRÉMONT.

Mᵐᵉ DE SAINT-FRÉMONT.

MES enfans, j'ai besoin d'être seule. Laissez moi, & n'entrez point que je ne vous appelle, ou que vous n'ayez quelque nouvelle à m'annoncer. (*Ils sortent.*)

SCÈNE IV.

Mᵐᵉ DE SAINT-FRÉMONT, *seule.*

MON époux est sorti pour cette malheureuse affaire ; il est allé dans une des habitations où l'on demandoit sa présence. Depuis cette ca-

taftrophe la révolte règne dans l'efprit de nos
efclaves. Tous foutiennent que Zamor eft
innocent, & qu'il n'a tué le Commandeur
que parce qu'il s'y eft vu forcé ; mais les
Colons fe font réunis pour demander la mort
de Mirza & de Zamor, & on les fait chercher
par-tout. Mon mari voudroit bien faire grace
à Zamor, quoiqu'il ait prononcé fon arrêt,
ainfi que celui de la pauvre Mirza, qui doit
périr avec fon amant. Hélas ! l'attente de leur
fupplice me jette dans une trifteffe profonde.
Je ne fuis donc pas née pour être heureufe !
En vain je fuis adorée de mon époux : mon
amour ne peut vaincre la mélancolie qui le
confume. Depuis plus de dix ans il fouffre, &
je ne puis deviner la caufe de fa douleur.
C'eft le feul de fes fecrets dont je ne fois
pas dépofitaire. Il faut, lorfqu'il fera de retour,
que je redouble d'efforts pour le lui arracher.
Mais je l'entends.

SCÈNE V.

Mme DE SAINT-FRÉMONT, M. DE SAINT-FRÉMONT.

Mme DE SAINT-FRÉMONT.

EH bien ! mon ami, votre préfence a-t-elle diffipé cette fermentation ?

M. DE SAINT-FRÉMONT.

Tous mes efclaves font rentrés dans leur devoir ; mais ils me demandent la grace de Zamor. Cette affaire eft bien délicate, (*Apart.*) & pour comble de malheurs, je viens de recevoir de France des nouvelles qui me déchirent le cœur.

Mme DE SAINT-FRÉMONT.

Que dis-tu, mon ami, tu fembles te faire des reproches. Ah ! fi tu n'es coupable qu'envers moi, je te pardonne tout pourvu que ton cœur me refte. Tu détournes les yeux ; je vois couler tes larmes. Ah ! mon ami, je n'ai plus votre confiance ; je vous deviens importune ; je vais me retirer.

M. DE SAINT-FRÉMONT.

Toi, me devenir importune ! jamais, jamais. Ah ! fi j'avois pu m'écarter de mon

devoir, ta seule douceur me rameneroit à
tes pieds, & tes grandes vertus me rendroient
encore plus amoureux de tes charmes.

Mᵐᵉ DE SAINT-FRÉMONT.

Mais tu me caches un secret ennui. Avoue-le
moi. Tes soupirs étouffés me le font soup-
çonner. La France te fut chère ; c'est ta
Patrie..... Peut-être une inclination.....

M. DE SAINT-FRÉMONT.

Arrête, arrête, chère épouse, & ne viens
point r'ouvrir une plaie qui s'étoit fermée
auprès de toi. Je crains de t'affliger.

Mᵐᵉ DE SAINT-FRÉMONT.

Si je te fus chère, il faut m'en donner une
preuve.

M. DE SAINT-FRÉMONT.

Laquelle exiges-tu ?

Mᵐᵉ DE SAINT-FRÉMONT.

Celle de me révéler les causes de ton af-
fliction.

M. DE SAINT-FRÉMONT

Tu le veux ?

Mᵐᵉ DE SAINT-FRÉMONT.

Je l'exige ; fais-toi pardonner, par cette
complaisance, ce secret que tu m'as gardé si
long-tems.

M. DE SAINT-FRÉMONT.

J'obéis. Je fuis d'une Province où des loix injuftes & inhumaines privent les enfans cadets du partage égal que la Nature donne aux enfans nés du même père & de la même mère. J'étois le plus jeune de fept ; mes parens m'envoyèrent à la Cour pour y demander de l'emploi ; mais comment aurois-je pu réuffir dans un pays où la vertu eft une chimère, & où l'on n'obtient rien fans intrigue ni baffeffe. Cependant, j'y fis la connoiffance d'un brave Gentilhomme Écoffois qui y étoit venu dans le même deffein. Il n'étoit pas riche, & avoit une fille au Couvent : il m'y mena. Cette entrevue nous devint funefte à tous les deux. Le père, au bout de quelques mois, partit pour l'armée : il me recommanda d'aller voir fa fille, & dit même qu'on pouvoit me la confier quand elle voudroit fortir. Ce brave ami, ce bon père, ne prévoyoit pas les fuites que fon imprudence occafionna. Il fut tué dans une bataille. Sa fille refta feule dans le monde, fans parens & fans connoiffances. Elle ne voyoit que moi, & paroiffoit ne défirer que ma préfence. L'amour me rendit coupable : Épargne-moi le refte: je fis le ferment d'être fon époux ; voilà mon crime.

Mme. DE SAINT-FRÉMONT.

Mais, mon ami, vous êtes-vous déterminé vous-même à l'abandonner ?

M. DE SAINT-FRÉMONT.

Qui, moi ? avoir abandonné une femme si intéressante ? Ah ! la plus longue absence ne me l'auroit jamais fait oublier. Je ne pouvois l'épouser sans le consentement de tous mes parens. Elle devint mère d'une fille. On découvrit notre liaison ; je fus éloigné. On obtint pour moi un brevet de Capitaine dans un régiment qui partoit pour l'Inde, & l'on me fit embarquer. Peu de tems après on me donna la fausse nouvelle que Clarisse étoit morte, & qu'il ne me restoit que ma fille. Je te voyois tous les jours ; ta présence affoiblit avec le tems l'impression que l'image de Clarisse faisoit encore sur mon cœur. Je sollicitai ta main, tu acceptas mes vœux, & nous fûmes unis ; mais par un raffinement de barbatie, le cruel parent qui m'avoit trompé m'apprit que Clarisse vivoit encore.

Mme DE SAINT-FRÉMONT.

Hélas ! à quel funeste prix j'ai le bonheur d'être ton épouse ! mon ami, tu es plus malheureux que coupable. Clarisse elle-même te

pardonneroit, si elle étoit témoin de tes remords. Il faut faire les plus vives recherches,
pour que ton bien & le mien puissent t'acquitter
envers ces infortunés. Je n'ai point d'autres
parens que les tiens. Je fais ta fille mon héri-
tière ; mais ton cœur est un trésor qu'il n'est
pas en mon pouvoir de céder à une autre.

M. DE SAINT-FRÉMONT.

Ah ! digne épouse, j'admire tes vertus.
Hélas ! je ne vois que Clarisse qui fut capable
de les imiter. C'est donc aux deux extrémités
du monde que j'étois destiné à rencontrer ce
que le sexe a de plus vertueux & de plus
aimable !

Mme DE SAINT-FRÉMONT.

Tu mérites une compagne digne de toi ;
mais, mon ami, songe qu'en t'unissant avec
moi tu consentis à prendre le nom de mon
père, qui, en te donnant son nom, n'avoit
d'autre but que de te céder sa place comme à
son fils adoptif. Il faut écrire à tes parens,
sur-tout à tes plus fidèles amis, qu'ils fassent
de nouvelles recherches, & qu'ils nous donnent promptement des nouvelles de ces infortunés. Je crois, mon ami, que j'aurai la
force de m'éloigner de vous pour aller chercher.

cher moi-même celle à qui vous avez donné le jour. Je fens que j'ai déjà pour elle des entrailles de mère ; mais en même-tems je frémis ! O mon ami, mon ami ! s'il falloit me féparer de vous ! Si Clariffe t'arrachoit de mes bras ! .... Ses malheurs, fes vertus, fes charmes. .... Ah! pardonne, pardonne à mon défefpoir, pardonne-moi, cher époux, tu n'es pas capable de m'abandonner & de faire deux victimes pour une.

M. DE SAINT-FRÉMONT.

Chère époufe ! O moitié de moi-même ! Ceffe de déchirer ce cœur déjà trop affligé. Clariffe ne vit plus fans doute, puifque depuis deux ans on me fait repaffer tous les fonds que j'envoie en France pour elle & pour ma fille. On ignore même ce qu'elles font devenues. Mais l'on vient ; nous reprendrons cette conversation.

D

SCÈNE VI.

M. ET Mme DE SAINT-FRÉMONT, UN JUGE.

LE JUGE.

Monsieur, je viens vous apprendre que les criminels font pris.

Mme DE SAINT-FRÉMONT.

Comment ! fitôt ! le tems auroit pu effacer leur crime.

M. DE SAINT-FRÉMONT, *affligé.*

Quel affreux exemple je fuis obligé de donner !

LE JUGE.

Rappellez-vous, Monfieur, dans cette circonflance la difgrace de votre beau-père. Il fut contraint de quitter fa place pour l'avoir exercée avec trop de bonté.

M. DE SAINT-FRÉMONT, *à part.*

Malheureux Zamor, tu vas périr ! je n'ai donc élevé ton enfance que pour te voir un jour traîner au fupplice. (*Haut.*) Que mes foins lui deviennent funeftes ! fi je l'avois

laiſſé dans ſes mœurs ſauvages, il n'auroit
peut - être pas commis ce crime. Il n'avoit
point dans l'ame des inclinations vicieuſes.
L'honnêteté & la vertu le diſtinguoient dans
le ſein de l'eſclavage. Elevé dans une vie ſimple
& laborieuſe, malgré l'inſtruction qu'il avoit
reçue, il n'oublioit jamais ſon origine. Qu'il
me ſeroit doux de pouvoir le juſtifier ! Comme
ſimple habitant, j'aurois pu peut-être adoucir
ſon arrêt ; mais, comme Gouverneur, je ſuis
forcé de le livrer à toute la rigueur des loix.

LE JUGE.

Il eſt néceſſaire qu'on exécute ſur-le-champ
leur arrêt, d'autant plus que deux Européens
ont excité une révolte générale parmi les Eſclaves. Ils ont dépeint votre Commandeur
comme un monſtre. Les Eſclaves ont écouté
avec avidité ces diſcours ſéditieux, & tous
ont promis de ne point exécuter les ordres
qui leur ont été donnés.

M. DE SAINT-FRÉMONT.

Quels ſont ces étrangers ?

LE JUGE.

Ce ſont des François qu'on a trouvés ſur la
côte où ces criminels s'étoient réfugiés. Ils
prétendent que Zamor leur a conſervé la vie.

D 2

M. DE SAINT-FRÉMONT.

Hélas! ces malheureux François sans doute ont fait naufrage, & la reconnoissance a produit seule ce zèle indiscret.

LE JUGE.

Vous voyez, Monsieur le Gouverneur, qu'il n'y a point de tems à perdre, si vous voulez éviter la ruine totale de nos habitations. C'est un mal désespéré.

M. DE SAINT-FRÉMONT.

Je n'ai point le bonheur d'être né dans vos climats; mais quel empire n'ont point les malheureux sur les ames sensibles! Ce n'est point votre faute si les mœurs de votre pays vous ont familiarisé avec ces traitemens durs que vous exercez sans remords sur des hommes qui n'ont d'autre défense que leur timidité, & dont les travaux, trop mal récompensés, accroissent notre fortune en augmentant notre autorité sur eux. Ils ont mille tyrans pour un. Les Souverains rendent leurs Peuples heureux: tout Citoyen est libre sous un bon Maître, & dans ce pays d'esclavage il faut être barbare malgré soi. Eh! comment puis-je m'empêcher de me livrer à ces réflexions, quand la voix de l'humanité crie au fond de mon cœur:

«Sois bon & senfible aux cris des malheureux.»
Je fais que mon opinion doit vous déplaire:
l'Europe, cependant, prend foin de la juftifier,
& j'ofe efpérer qu'avant peu il n'y aura plus
d'efclaves. O Louis! O Monarque adoré!
que ne puis-je en ce moment mettre fous tes
yeux l'innocence de ces profcrits! En accor-
dant leur grace, tu rendrois la liberté à des
hommes trop long-tems méconnus; mais n'importe: vous voulez un exemple, il fe fera,
quoique les Noirs affurent que Zamor eft
innocent.

LE JUGE.

Pouvez-vous les en croire?

M. DE SAINT-FRÉMONT.

Ils ne peuvent m'en impofer, & je connois
plus qu'eux les vertus de Zamor. Vous voulez
qu'il meure fans être entendu? J'y confens avec
regret; mais vous n'aurez point à me reprocher
d'avoir trahi les intérêts de la Colonie.

LE JUGE.

Vous le devez, Monfieur le Gouverneur,
dans cette affaire où vous voyez que nous
fommes menacés d'éprouver une révolte générale. Il faut donner des ordres pour faire
mettre les troupes fous les armes.

M. DE SAINT-FRÉMONT.

Suivez-moi ; nous allons voir le parti qu'il faut prendre.

Mme DE SAINT-FRÉMONT.

Mon ami, je vous vois sortir avec peine.

M. DE SAINT-FRÉMONT.

Ma présence est nécessaire pour rétablir l'ordre & la discipline.

SCÈNE VII.

Mme DE SAINT-FRÉMONT, *seule.*

QUE je plains ces malheureux ! c'en est fait ! Ils vont mourir. Quel chagrin pour mon époux ; mais un plus grand chagrin m'agite de nouveau. Tout ce qui porte le nom de Françoise m'épouvante !.. Si c'étoit Clarisse ! Oh ! malheureuse, quel seroit mon sort. Je connois les vertus de mon époux, mais je suis sa femme. Non, non ! cessons de nous abuser ! Clarisse, dans le malheur, a de plus grands droits sur son âme ! Cachons le trouble qui m'agite.

SCÈNE VIII.

Mᵐᵉ DE SAINT-FRÉMONT, BETZI,
accourant.

Mᵐᵉ DE SAINT-FRÉMONT.

Qu'y-a-t-il de nouveau, Betzi?

BETZI, *avec exaltation.*

Monsieur le Gouverneur n'est point ici?

Mᵐᵉ DE SAINT-FRÉMONT.

Non, il vient de sortir, parle donc?

BETZI.

Ah! laissez-moi reprendre mes sens..... Nous étions sur la terrasse; de tems en tems nous jettions tristement les yeux vers l'habitation. Nous voyons arriver de loin le père de Mirza avec un autre Esclave; au milieu d'eux étoit une étrangère, les cheveux épars & la douleur peinte sur son visage: ses yeux étoient fixés vers la terre, & quoiqu'elle marchât vite, elle avoit l'air fort occupée. Lorsqu'elle a été près de nous, elle a demandé Mᵐᵉ de Saint-Frémont. Elle nous a appris que Zamor l'a sauvée de la fureur des flots. Elle

D 4

a ajouté : je mourrai aux pieds de M. le Gouverneur, si je n'obtiens sa grace. Elle veut implorer votre secours. La voici.

SCÈNE IX.

LES PRÉCÉDENTES, SOPHIE, *suivie de tous les Esclaves.*

SOPHIE, *se jettant aux genoux de Mme de Saint-Frémont.*

MADAME, j'embrasse vos genoux. Ayez pitié d'une malheureuse étrangère qui doit tout à Zamor, & n'a d'autre espoir qu'en vos bontés.

Mme DE SAINT-FRÉMONT, *à part.*

Ah ! je respire. (*Haut, en la relevant.*) Levez-vous, Madame, je vous promets de faire tout ce qui sera en mon pouvoir. (*A part.*) Sa jeunesse, sa sensibilité, touchent mon cœur à un point que je ne puis exprimer. (*A Sophie.*) Étrangère intéressante, je vais tout employer pour vous faire accorder la grace que vous exigez de mon époux. Croyez que je partage vos douleurs. Je sens combien ces infortunés vous doivent être chers.

SOPHIE.

Sans le secours de Zamor, aussi intrépide qu'humain, je périssois dans les flots. Je lui dois le bonheur de vous voir. Ce qu'il a fait pour moi lui assure dans mon cœur les droits de la Nature; mais ces droits ne me rendent point injuste, Madame, & le témoignage qu'ils rendent à vos rares qualités fait assez voir qu'ils ne sont point reprochables d'un crime prémédité. Quelle humanité! Quel zèle à nous secourir! Le sort qui les poursuit devoit plutôt leur inspirer la crainte que la pitié; mais, loin de se cacher, Zamor a affronté tout péril. Jugez, Madame, si avec ces sentimens d'humanité, un mortel peut être coupable; son crime fut involontaire, & c'est faire justice que de l'absoudre comme innocent.

Mᵐᵉ DE SAINT-FRÉMONT, *aux Esclaves.*

Mes enfans, il faut nous réunir avec les Colons, & demander la grace de Zamor & de Mirza. Nous n'avons pas de tems à perdre: (*A Sophie.*) & vous, que je brûle de connoître, vous êtes Françoise, peut-être pourriez-vous........ mais les momens nous sont chers. Retournez auprès de ces infortunés; Esclaves, accompagnez ses pas.

SOPHIE, *transportée.*

Ah! Madame, que de bienfaits à la fois!
Hélas! je voudrois, autant que je le désire,
vous prouver ma reconnoissance. (*Elle lui
baise les mains.*) Bientôt mon époux viendra
s'acquitter envers vous de son devoir. Cher
Valère, quelle heureuse nouvelle je vais t'apprendre! (*Elle sort avec les Esclaves.*)

SCÈNE X.

Mᵐᵉ DE SAINT-FRÉMONT, BETZI, CORALINE.

Mᵐᵉ DE SAINT-FRÉMONT, *à part.*

JE trouve dans les traits de cette Étrangère
une ressemblance.... Quelle chimère!....
(*Haut.*) Et vous, Coraline, faites venir le
Secrétaire de M. de Saint-Frémont.

CORALINE.

Ah! Madame, vous ignorez ce qui se passe :
il vient de faire fermer vos portes par ordre
de M. le Gouverneur. Tout est livré aux
flammes..... Entendez, Madame.... On

bat la générale. ... & le son des cloches. ...
(*On doit entendre la générale dans le lointain.*)

Mme DE SAINT-FRÉMONT, *allant avec frayeur au fond du Théâtre.*

Malheureuse! que vais-je devenir? Que fait mon mari?

BETZI.

Je tremble pour mes camarades.

Mme DE SAINT-FRÉMONT, *livrée à la plus grande douleur.*

Dieu, mon époux est peut-être en danger! Je vole à son secours. ...

CORALINE.

Rassurez-vous, Madame, il n'y a rien à craindre pour M. le Gouverneur. Il est à la tête du régiment. Mais quand même il seroit au milieu du tumulte, tous les Esclaves respecteroient ses jours. Il en est trop chéri pour qu'aucun voulût lui faire du mal. C'est seulement à quelques habitans que les Esclaves en veulent : ils leur reprochent le supplice de Zamor & de Mirza ; ils assurent que sans eux on ne les auroit pas condamnés.

Mme DE SAINT-FRÉMONT, *agitée.*

Comment! on va les faire mourir.

CORALINE.

Hélas ! bientôt mes pauvres camarades ne
feront plus.

Mme DE SAINT-FRÉMONT, *avec empreſſement.*

Non, mes enfans, ils ne périront point :
mon mari fera touché de mes larmes, du dé-
feſpoir de cette Étrangère, qui, peut-être mieux
que moi, faura l'émouvoir. Son cœur n'a pas
befoin d'être follicité pour faire le bien ; mais
il peut tout prendre fur lui. (*A part.*) Et fi
cette Françoife lui donnoit des renfeignemens
fur fa fille ! Grand Dieu ! il devroit tout à ces
victimes que l'on traine au fupplice. (*Haut.*)
Allons, Betzi, il faut joindre mon mari, lui
dire..... Mais dans ce moment, comment
entrer en explication ? Il faut que je le voie
moi-même Où eſt-il maintenant ?

CORALINE.

Je ne fais précifément avec quel régiment
il eſt : toute l'armée eſt difperfée. On dit feu-
lement que M. de Saint-Frémont ramène le
calme & remet l'ordre par tout où il paſſe.
Il feroit bien difficile de le trouver dans ce
moment. Il n'y a qu'à nous rendre dans l'habitation, fi déjà on ne nous y a pas devancées.
Mais les chemins font rompus ou coupés. On

conçoit à peine qu'on ait pu faire tant de
dégâts en si peu de tems.

Mme DE SAINT-FRÉMONT.

N'importe ; je ne crains ni le danger ni
la fatigue, quand il s'agit de sauver les jours
de deux infortunés.

Fin du deuxième Acte.

ACTE III.

Le Théâtre représente un lieu sauvage où l'on voit deux collines en pointes, & bordées de touffes d'arbrisseaux qui s'étendent à perte de vue. Sur un des côtés est un rocher escarpé, dont le sommet est une platte-forme, & dont la base est perpendiculaire sur le bord de l'avant-scène. On y monte du côté d'une des collines, de manière que les Spectateurs y peuvent voir arriver tous les Personnages. On voit deçà & delà quelques cabanes de Nègres éparses.

SCÈNE PREMIÈRE.
VALÈRE, ZAMOR, MIRZA.

VALÈRE.

Vous voilà libres ! je vole à la tête de vos camarades. Mon épouse ne tardera pas long-tems à reparoître à nos yeux. Elle aura sans doute obtenu votre grace de M. de Saint-Fré-mont. Je vous quitte pour un instant, & ne vous perds point de vue.

SCÈNE II.

ZAMOR, MIRZA.

ZAMOR.

QUE notre fort est déplorable, ô ma chère Mirza! Il devient d'autant plus affreux, que je crains que le zèle de ce François à vouloir nous fauver ne le perde lui-même ainfi que fon époufe. Quelle idée accablante!

MIRZA.

Elle me pourfuit auffi : mais peut-être fa digne époufe aura pu fléchir notre Gouverneur, ne nous affligeons point avant fon retour.

ZAMOR.

Je bénis mon trépas, puifque je meurs avec toi ; mais, qu'il eft cruel de perdre la vie en coupable ! on m'a jugé tel, notre bon maître le croit ; voilà ce qui me défefpère.

MIRZA.

Je veux voir moi-même M. le Gouverneur. Cette dernière volonté doit m'être accordée. Je me jetterai à fes pieds ; je lui révélerai tout.

ZAMOR.

Hélas! que pourras-tu lui dire?

MIRZA.

Je lui ferai connoître la cruauté de son Commandeur & de son amour féroce.

ZAMOR.

Ta tendresse pour moi t'aveugle : tu veux t'accuser pour me rendre innocent! si tu dédaignes la vie à ce prix, m'en crois-tu assez avare pour vouloir la conserver aux dépens de tes jours? Non, ma chère Mirza, il n'y a point de bonheur pour moi sur la terre, si je ne le partage avec toi.

MIRZA.

Je pense de même, je ne pourrois plus vivre sans te voir.

ZAMOR.

Qu'il nous auroit été doux de prolonger nos jours ensemble! ces lieux me rappellent notre première entrevue. C'est ici que le tyran reçut la mort; c'est ici qu'on va terminer notre carrière. La Nature semble en ces lieux être en contraste avec elle-même. Jadis elle nous paroissoit riante : elle n'a rien perdu de ses attraits; mais elle nous montre à la fois l'image

de

de nôtre bonheur paſſé & de l'horrible ſort
dont nous ſerons les victimes. Ah ! Mirza,
qu'il eſt cruel de mourir quand on aime.

MIRZA.

Que tu m'attendris ! ne m'afflige pas davan-
tage. Je ſens que mon courage m'abandonne ;
mais ce bon François revient à nous ; que va-t-il
nous apprendre ?

SCÈNE III.

ZAMOR, MIRZA, VALÈRE.

VALÈRE.

O mes bienfaiteurs ! Il faut vous ſauver.
Profitez de ces inſtans précieux que vos camarades vous procurent. Ils bouchent les che.
mins, répondez à leur zèle & à leur courage ;
ils s'expoſent pour vous, fuyez dans un autre
climat. Il ſe peut que mon épouſe n'obtienne
pas vôtre grace. On voit pluſieurs troupes de
ſoldats s'approcher d'ici : vous avez le tems
d'échapper par cette colline. Allez, vivez
dans les forêts : vos ſemblables vous ouvriront
leur ſein.

MIRZA.

Ce François a raiſon. Viens, ſuis-moi. Il
E

nous aime ; profitons de fes confeils, Cours avec moi, cher Zamor ; ne crains point de revenir habiter dans le fond des forêts. A peine tu te rappelles nos loix, & bientôt ta chère Mirza t'en retracera la douce image.

ZAMOR.

Eh bien ! je cède. Ce n'eft que pour toi que je chéris la vie. (*Il embraffe Valère.*) Adieu, le plus généreux des hommes !

MIRZA.

Hélas ! il faut donc que je vous quitte fans avoir le bonheur de me jetter aux pieds de votre époufe !

VALÈRE.

Elle partagera vos regrets, n'en doutez point ; mais fuyez des lieux trop funeftes.

SCÈNE IV.

LES PRÉCÉDENS, SOPHIE, ESCLAVES.

SOPHIE, *fe précipitant dans les bras de Valère.*

AH ! mon ami, remercions le Ciel : ces victimes ne périront point. Madame de Saint-Frémont m'a promis leur grace.

VALÈRE, *avec joie.*

Grand Dieu ! quel comble de bonheur !

ZAMOR.

Ah ! je reconnois à ce procédé sa belle
ame. (*A Valère.*) Étrangers généreux, que
le Ciel comble vos desirs ! L'Être suprême
n'abandonne jamais ceux qui cherchent à lui
ressembler par la bienfaisance.

VALÈRE.

Ah ! que vous rendez nos jours fortunés !

MIRZA.

Que nous sommes heureux d'avoir secouru
ces François ! Ils nous doivent beaucoup ;
mais nous leur devons encore plus.

SOPHIE.

Madame de Saint-Frémont a fait assembler
ses meilleurs amis. Je l'ai instruite de leur innocence ; elle met tout le zèle possible à les
sauver. Je n'ai eu aucune peine à l'intéresser
en leur faveur ; son âme est si belle, si sensible
aux maux des malheureux !

ZAMOR.

Son respectable époux l'égale en mérite &
en bonté.

SOPHIE.

Je n'ai pas eu le bonheur de le voir.

ZAMOR, *allarmé.*

Que vois-je ? des soldats qui arrivent en foule ! ah ! c'en est fait ! vous vous êtes abusés, généreux François, nous sommes perdus.

SOPHIE.

Ne vous allarmez point, il faut savoir....

VALÈRE.

Je les défendrai au péril de ma vie. Hélas ! Ils alloient se sauver lorsque tu es venu les rassurer. Je vais savoir de l'Officier qui commande ce détachement, quelle est sa mission.

(Une Compagnie de Grenadiers & une de Soldats François se rangent au fond du Théâtre, la bayonnette au bout du fusil. En avant d'eux se place une troupe d'Esclaves avec des arcs & des fléches ; ils ont à leur tête le Major, le Juge & l'Intendant des Esclaves de M. de Saint-Frémont.)

SCÈNE V.

LES PRÉCÉDENS, LE MAJOR, LE JUGE, L'INDIEN, *Grenadiers & Sol-dats François, plusieurs Esclaves.*

VALÈRE.

Monsieur, puis-je vous demander quel sujet vous amène ici ?

LE MAJOR.

Une cruelle fonction. Je viens faire exécuter l'arrêt de mort prononcé contre ces malheureux.

SOPHIE, *troublée.*

Vous allez les faire mourir ?

LE MAJOR.

Oui, Madame.

VALÈRE.

Non, cet affreux sacrifice ne s'exécutera point.

SOPHIE.

Madame de Saint-Frémont m'a promis leur grace.

E 3

LE JUGE, *durement.*

Cela n'est pas en son pouvoir, M. le Gouverneur lui-même ne pourroit la leur accorder. Ainsi, cessez de vouloir vous obstiner à les sauver. Vous rendriez leur supplice plus terrible. (*Au Major.*) Monsieur le Major, exécutez les ordres qui vous ont été donnés. (*Aux Esclaves.*) Et vous, menez les criminels sur le haut du rocher.

LE COMMANDEUR INDIEN.

Tendez vos arcs !

VALÈRE.

Arrêtez ! (*les Esclaves n'écoutent que Valère.*)

LE JUGE.

Obéissez. (*Le Major fait signe aux Soldats, ils courent avec la bayonnette, qu'ils présentent à la poitrine de tous les Esclaves, dont aucun ne remue.*)

ZAMOR, *accourant au-devant d'eux.*

Que faites-vous ? j'ai seul mérité la mort. Que vous ont fait mes pauvres camarades ? Pourquoi les égorger ? Tournez vos armes contre moi. (*Il ouvre sa veste.*) Voilà mon sein ! Lavez dans mon sang leur désobéissance.

La Colonie ne demande que ma mort. Eſt-il
néceſſaire de faire périr tant d'innocentes victimes qui ne ſont pas complices de mon crime?

MIRZA.

Je ſuis auſſi coupable que Zamor, ne me
ſéparez point de lui : par pitié ôtez-moi la
vie ; mes jours ſont attachés à ſa deſtinée. Je
veux mourir la première.

VALÈRE, *au Juge.*

Monſieur, ſuſpendez, je vous prie, leur ſup-
plice. Je puis vous aſſurer qu'on s'occupe de
leur grace.

LE MAJOR, *au Juge.*

Monſieur, nous pouvons prendre ceci ſur
nous ; attendons le Gouverneur.

LE JUGE, *durement.*

Je n'écoute rien que mon devoir & la loi.

VALÈRE, *furieux.*

Barbare ! quoique ta place endurciſſe l'ame,
tu la dégrades en la rendant encore plus cruelle
que les loix ne te l'ont preſcrite.

LE JUGE.

Monſieur le Major, faites conduire cet auda-
cieux à la Citadelle.

LE MAJOR.

C'eſt un François : il rendra compte de
ſa conduite à M. le Gouverneur, & je n'ai pas,
à cet égard, d'ordres à recevoir de vous.

LE JUGE.

Exécutez donc ceux qui vous ont été
donnés.

SOPHIE, *avec héroïſme.*

Cet excès de cruauté me donne du courage.
(*Elle court ſe placer entre Zamor & Mirza,
les prend tous les deux par la main, & dit au
Juge.*) Barbare ! ôſe me faire aſſaſſiner avec
eux ; je ne les quitte point : rien ne pourra
les arracher de mes bras.

VALÈRE, *tranſporté.*

Ah ! ma chère Sophie, ce trait de courage te rend encore plus chère à mon cœur.

LE JUGE, *au Major.*

Monſieur, faites retirer cette femme auda-
cieuſe : vous ne rempliſſez pas votre devoir.

LE MAJOR, *indigné.*

Vous l'exigez ; mais vous répondrez des
ſuites. (*Aux Soldats.*) Séparez ces étrangers
de ces eſclaves.

SOPHIE, *jette un cri perçant, en serrant Zamor & Mirza contre son sein.*

VALÉRE, *furieux, courant après Sophie.*

Si l'on emploie la moindre violence contre mon épouse, je ne respecte plus rien. (*Au Juge.*) Et toi, barbare, tremble d'être immolé à ma juste fureur.

UN ESCLAVE.

Dût-on nous faire mourir tous, nous les défendrons.

(*Les Esclaves se rangent autour d'eux, & forment un rempart, les Soldats & Grenadiers s'en approchent avec la bayonnette.*)

LE MAJOR, *aux Soldats.*

Soldats, arrêtez. (*Au Juge.*) Je ne suis point envoyé ici pour ordonner le carnage & pour répandre du sang, mais pour ramener l'ordre. Le Gouverneur ne sera pas long-tems à paroître, & sa prudence nous indiquera mieux ce que nous devons faire. (*Aux Étrangers & aux Esclaves.*) Rassurez-vous ; je n'emploierai pas la force ; vos efforts seroient inutiles, si je voulois l'exercer. (*A Sophie.*) Et vous, Madame, vous pouvez vous

retirer à l'écart avec ces malheureux ; j'attends
M. le Gouverneur. (*Sophie, Zamor & Mirza,
fortent avec quelques Efclaves.*)

SCÈNE VI.

VALÈRE, LE MAJOR, LE JUGE,
L'INDIEN, *Grenadiers & Soldats,*
Efclaves.

VALÈRE, *au Major.*

JE ne puis abandonner mon époufe dans cet
état. Faites tous vos efforts auprès de M. de
Saint - Frémont. Je n'ai pas befoin de vous
recommander la clémence ; elle doit régner
dans votre ame. Un guerrier fut toujours généreux.

LE MAJOR.

Repofez-vous fur moi ; retirez-vous, &
vous paroîtrez quand il en fera tems. (*Valère*
fort.)

SCÈNE VII.

LES PRÉCÉDENS, EXCEPTÉ VALÈRE.

LE MAJOR, *au Juge.*

Voila, Monfieur, le fruit d'une trop grande févérité.

LE JUGE.

Votre modération perd aujourd'hui la Colonie.

LE MAJOR.

Dites mieux ; elle la fauve peut-être. Vous ne connoiffez que vos loix cruelles , & moi, je connois l'art de la guerre & l'humanité. Ce ne font point nos ennemis que nous combattons ; ce font nos Efclaves, ou plutôt nos Cultivateurs. Pour les réduire, il eût fallu, fuivant vous, les faire paffer au fil de l'épée, & dans cette circonftance, une imprudence nous meneroit fans doute plus loin que vous ne penfez.

SCÈNE VIII.

LES PRÉCÉDENS, M. DE SAINT-FRÉMONT, *entrant d'un côté & Valère de l'autre. Deux Compagnies de Grenadiers & Soldats conduisent plusieurs Esclaves enchaînés.*

VALÈRE, *à M. de Saint-Frémont.*

AH ! Monsieur, écoutez nos prières : vous êtes François, vous serez juste.

M. DE SAINT-FRÉMONT.

J'approuve votre zèle ; mais dans ce climat il devient indiscret ; il a même produit beaucoup de mal. Je viens d'être témoin de l'attentat le plus affreux exercé sur un Magistrat. Il a fallu, contre mon caractère, employer la violence pour arrêter la cruauté des esclaves. Je fais tout ce que vous devez à ces malheureux ; mais vous n'avez pas le droit de les défendre, ni de changer les loix & les mœurs d'un pays.

VALÈRE.

J'ai du moins le droit que la reconnoissance donne à toutes les belles ames : quelque soit votre sévérité simulée, mon cœur en appelle au vôtre.

M. DE SAINT-FRÉMONT.

Ceſſez de me prier, il m'en coûte trop
pour refuſer.

VALÈRE.

Votre digne épouſe nous avoit fait tout eſ-
pérer.

M. DE SAINT-FRÉMONT.

Elle-même, Monſieur, eſt convaincue de
l'impoſſibité abſolue de ce que vous de-
mandez.

VALÈRE.

Si c'eſt un crime d'avoir tué un monſtre qui
faiſoit frémir la nature, ce crime, au moins,
eſt excuſable. Zamor défendoit ſa propre vie,
& la défenſe eſt de droit naturel.

LE JUGE.

Vous abuſez de la complaiſance de M. le
Gouverneur : on vous l'a déjà dit. Les loix les
condamnent comme homicides, pouvez-vous
les changer ?

VALÈRE.

Non ; mais on pourroit les adoucir en faveur
d'un crime involontaire.

L JUGE.

Y penfez-vous bien ? les adoucir en faveur
d'un efclave ! Nous ne fommes pas ici en
France , il nous faut des exemples.

M. DE SAINT-FRÉMONT.

C'en eft fait , il faut que l'arrêt s'exécute.

VALÈRE.

Ces paroles glacent mon fang & mon cœur
oppreffé. . . . Chère époufe, que vas-tu devenir ? Ah ! Monfieur, fi vous connoiffiez fa
fenfibilité , fes malheurs , vous en feriez
touché ; elle avoit mis toutes fes efpérances
dans vos bontés ; elle fe flattoit même que
vous lui donneriez des renfeignemens fur le
fort d'un parent, fon unique appui, dont
elle eft privée depuis fon enfance , & qui doit
être établi dans quelque partie de ce Continent.

M. DE SAINT-FRÉMONT.

Soyez affuré que je vous fervirai de tout
ce qui fera en mon pouvoir ; mais, quant aux
criminels, je ne puis rien faire pour eux.
Malheureux Étranger ! allez la confoler : elle
m'intéreffe fans la connoître. Trompez - la
même, s'il eft néceffaire, pour qu'elle ne

foit pas témoin de cet affreux fupplice : dites-lui que l'on veut interroger ces malheureux, qu'il faut les laiffer feuls, & que leur grace dépend peut-être de cette fage précaution.

VALÈRE, *pleurant.*

Que nous fommes à plaindre ! Je ne fur-vivrai pas à leur perte. (*Il fort.*)

SCÈNE IX.

LES PRÉCÉDENS, EXCEPTÉ VALÈRE.

M. DE SAINT-FRÉMONT.

QUE ce François m'afflige ! fes regrets en faveur de ces infortunés augmentent les miens. Il faut donc qu'ils meurent, & malgré mon penchant à la clémence.... (*Avec réflexion.*) Zamor a fauvé cette étrangère ; elle eft Fran-çoife, & fi j'en crois fon époux, elle cherche un parent qui habite ce climat. Auroit il craint de s'expliquer ? Sa douleur, fes recherches, fes malheurs..... Infortunée, fi c'étoit.... où la nature va-t-elle m'égarer ! Et pourquoi m'en étonner ? L'aventure de cette Étrangère a tant de rapport avec celle de ma fille.... & mon cœur ulcéré voudroit la retrouver en elle. C'est le fort des malheureux de se bercer d'espérance, & de trouver de la consolation dans les moindres rapports.

LE JUGE.

Monsieur le Major, faites avancer vos Soldats. (*A l'Indien.*) Monsieur le Commandeur, conduisez les Esclaves, & faites les ranger suivant l'usage.

(*L'Indien sort avec les Esclaves armés, tandis qu'une troupe d'autres viennent se jetter aux pieds de M. de Saint-Frémont.*)

SCÈNE X.

LES PRÉCÉDENS EXCEPTÉ L'INDIEN.

Les Esclaves armés sont remplacés par les Esclaves sans armes.

UN ESCLAVE, *à genoux.*

MONSEIGNEUR, nous n'avons pas été du nombre des rebelles. Qu'il nous soit permis de demander la grace de nos camarades ! Que pour racheter leur vie on nous fasse éprouver les châtimens les plus terribles ! qu'on augmente nos travaux pénibles, & qu'on diminue
nos

nos alimens ; nous fupporterions cette punition avec courage. Monfeigneur, vous vous
attendriffez, je vois couler vos pleurs.

M. DE SAINT-FRÉMONT.

Mes enfans, mes amis, que me propofez-
vous ? (*Au Juge.*) Que voulez-vous que je
réponde à ce trait d'héroïfme ? Ah ! Ciel !
ils montrent tant de grandeur d'ame, & nous
ofons les regarder comme les derniers des
humains ! Hommes civilifés ! vous vous croyez
fupérieurs à des Efclaves ! De l'opprobre & de
l'état le plus vil, l'équité, le courage, les
élèvent en un inftant au rang des plus généreux
mortels. Vous en avez l'exemple devant les
yeux.

LE JUGE.

Ils connoiffent bien votre cœur ; mais vous
ne pouvez céder à votre penchant fans compromettre votre dignité. Je les connois mieux
que vous ; ils promettent tout dans ces momens ; d'ailleurs, ces criminels ne font plus
en votre puiffance, ils font livrés à la rigueur
des loix.

M. DE SAINT-FRÉMONT

Eh bien ! je vous les abandonne. Hélas !
les voici. Où me cacher ? Que ce devoir eft
cruel !

F.

SCÈNE XI.

LES Précédens, L'INDIEN, ZAMOR,
MIRZA, *les Esclaves armés.*

ZAMOR.

IL n'y a plus d'espérance ; nos bienfaiteurs
sont entourés de soldats. Embrasse-moi pour
la dernière fois, ma chère Mirza !

MIRZA.

Je bénis mon sort, puisque le même supplice nous réunit. (*A un vieillard & une
vieille Esclave.*) Adieu, chers auteurs de mes
jours ; ne pleurez plus votre pauvre Mirza,
elle n'est plus à plaindre. (*Aux Esclaves de
son sexe.*) Adieu, mes compagnes.

ZAMOR.

Esclaves, Colons, écoutez-moi : j'ai tué
un homme, j'ai mérité la mort ; ne regrettez
point mon supplice, il est nécessaire au bien
de la Colonie. Mirza est innocente ; mais elle
chérit son trépas. (*Aux Esclaves, particu-
lièrement.*) Et vous, mes chers amis, écoutez-moi à mon dernier moment. Je quitte la
vie, je meurs innocent ; mais craignez de vous

rendre coupables pour me défendre : craignez
sur-tout cet esprit de faction , & ne vous livrez
jamais à des excès pour sortir de l'esclavage ;
craignez de briser vos fers avec trop de violence ; attendez tout du tems & de la justice
divine, remplacez nous auprès de M. le Gouverneur , de sa respectable épouse. Payez-les
par votre zèle & par votre attachement de
tout ce que je leur dois. Hélas ! je ne puis
m'acquitter envers eux. Chérissez ce bon Maître , ce bon père , avec une tendresse filiale,
comme je l'ai toujours fait. Je mourrois content
si je pouvois croire du moins qu'il me re-
grette ! (*Il se jette à ses pieds.*) Ah ! mon
cher Maître, m'est-il permis encore de vous
nommer ainsi ?

M. DE SAINT-FRÉMONT, *avec une
vive douleur.*

Ces paroles me serrent le cœur. Malheureux ! qu'as-tu fait ? va, je ne t'en veux
point , je souffre assez du fatal devoir que
je remplis.

ZAMOR, *s'incline & lui baise les pieds.*

Ah ! mon cher maître, la mort n'a plus
rien d'affreux pour moi. Vous me chérissez
encore , je meurs content. (*Il lui prend les
mains.*) Que je baise ces mains pour la dernière fois !

M. de SAINT-FRÉMONT, *attendri.*

Laiſſe-moi, laiſſe-moi, tu m'arraches le cœur.

ZAMOR, *aux Eſclaves armés.*

Mes amis, faites votre devoir. (*Il prend Mirza dans ſes bras, & monte avec elle ſur le rocher, où ils ſe mettent à genoux. Les Eſclaves ajuſtent leurs fléches.*)

SCÈNE XII.

LES PRÉCÉDENS, Mᵐᵉ DE SAINT-FRÉ-MONT, *avec ſes Eſclaves, Grenadiers & Soldats François.*

Mᵐᵉ DE SAINT-FRÉMONT.

ARRÊTEZ, Eſclaves, & reſpectez la femme de votre Gouverneur. (*A ſon époux.*) Grace, mon ami, grace !

SCÈNE XIII ET DERNIÈRE.

LES Précédens, VALÈRE, SOPHIE.

S O P H I E, à Valère.

TU me retiens en vain. Je veux abſolument les voir. Cruel ! tu m'as trompée. (A Mᵐᵉ de Saint-Frémont.) Ah ! Madame, mes forces m'abandonnent. (Elle tombe dans les bras des Eſclaves.)

Mᵐᵉ DE S A I N T - F R É M O N T, à ſon mari.

Mon ami, vous voyez le déſeſpoir de cette Françoiſe ; pourriez - vous n'en être pas touché ?

S O P H I E, revenant à elle, & ſe jettant aux pieds de M. de Saint-Frémont.

Ah Monſieur ! je meurs de douleur à vos pieds ſi vous ne m'accordez leur grace. Elle eſt dans votre cœur & dépend de votre pouvoir. Ah ! ſi je ne puis l'obtenir, que m'importe la vie ! Nous avons tout perdu. Privée d'une mère & de ma fortune, abandonnée d'un père depuis l'âge de cinq ans, je mettois ma conſolation à ſauver deux victimes qui vous ſont chères.

M. DE SAINT-FRÉMONT, *à part,*
dans la plus vive agitation.

Quel souvenir.... quels traits.... quelle
époque.... son âge.... Quel trouble s'élève
dans mon ame. (*A Sophie.*) Ah Madame !
répondez à mon empreſſement, puis-je vous
demander les noms de ceux qui vous ont
donné le jour ?

SOPHIE, *s'appuyant ſur Valère.*

Hélas !

VALÈRE.

O ma chère Sophie !

M. DE SAINT-FRÉMONT, *plus vive-*
ment.

Sophie.... (*A part.*) Elle fut nommée
Sophie. (*Haut.*) Quel nom avez-vous pro-
noncé.... Parlez, répondez-moi, de grace,
Madame, quelle fut votre mère ?

SOPHIE, *à part.*

Quel trouble l'agite, plus je l'examine....
(*Haut.*) La malheureuſe Clariſſe de Saint-
Fort fut ma mère.

M. DE SAINT-FRÉMONT.

Ah ! ma fille, reconnois-moi. La nature
ne m'a point trompé. Reconnois la voix d'un

père trop long-tems féparé de toi & de ta mère.

SOPHIE.

Ah! mon père! je me meurs. (*Elle tombe dans les bras des Soldats.*)

M. DE SAINT-FRÉMONT.

O ma fille! ô mon fang!

SOPHIE.

Qu'ai-je entendu? Qui, oui c'eft lui.... Ses traits font reftés gravés dans mon ame. ... Quel bonheur me fait retrouver dans vos bras! Je ne puis vous rendre tous les fentimens qui m'agitent. Mais ces malheureux, ô mon père, leur fort eft dans vos mains. Sans leur fecours votre fille périffoit. Accordez à la nature la première grace qu'elle vous demande. Habitans, Efclaves, tombez aux genoux du plus généreux des hommes ; c'eft aux pieds de la vertu qu'on trouve la clémence. (*Tous fe mettent à genoux, excepté le Juge & les Soldats.*)

LES ESCLAVES.

Monfeigneur !

LES HABITANS.

Monfieur le Gouverneur !

M. DE SAINT-FRÉMONT.

Qu'exigez-vous de moi ?

T o u s.

Leur grace.

M. DE SAINT-FRÉMONT, *attendri.*

Mes enfans, mon épouse, mes amis, je vous l'accorde.

T o u s.

Quel bonheur ! (*Les Grenadiers & Soldats fléchissent le genou , & se remettent tout de suite.*)

LE MAJOR.

Braves guerriers, ne rougissez point de ce mouvement de sensibilité ; il épure le courage & ne l'avilit pas.

M I R Z A.

Grand Dieu ! vous changez notre malheureux sort ; vous comblez notre félicité ; votre justice ne cesse jamais de se manifester.

M. DE SAINT-FRÉMONT.

Mes amis, je vous donne votre liberté, & j'aurai soin de votre fortune.

Z A M O R.

Non, mon maître ; gardez vos bienfaits. Le plus précieux à notre cœur est de nous laiſſer vivre auprès de vous & de tout ce que vous avez de plus cher.

M. DE SAINT-FRÉMONT.

Quoi ! je retrouve ma fille ! je la ſerre dans mes bras. Un ſort cruel a donc fini de me pourſuivre ! O ma chère Sophie ! que je crains d'apprendre le ſort cruel de votre mère.

SOPHIE.

Hélas ! ma pauvre mère n'eſt plus ! mais, mon père, qu'il m'eſt doux de vous voir. (*A Valère.*) Cher Valère !

VALÈRE.

Je partage ta félicité.

Mᵐᵉ DE SAINT-FRÉMONT.

Ma fille, ne voyez en moi qu'une tendre mère. Votre père connoît mes intentions, & vous les apprendrez bientôt vous-même. Ne nous occupons plus que du mariage de Zamor & de Mirza.

MIRZA.

Nons allons vivre pour nous aimer. Nous ſerons toujours heureux, toujours, toujours.

ZAMOR.

Oui, ma chère Mirza; oui, nous ſerons toujours heureux.

M DE SAINT-FRÉMONT.

Mes amis, je viens de vous accorder votre grace. Que ne puis-je de même donner la liberté à tous vos femblables, ou du moins adoucir leur fort! Efclaves, écoutez-moi ; fi jamais on change votre deftinée, ne perdez point de vue l'amour du bien public, qui jufqu'à préfent vous fut étranger. Sachez que l'homme, dans fa liberté, a befoin encore d'être foumis à des loix fages & humaines, & fans vous porter à des excès répréhenfibles, efpérez tout d'un Gouvernement éclairé & bienfaifant. Allons, mes amis, mes enfans, qu'une fête générale foit l'heureux préfage de cette douce liberté.

F I N.

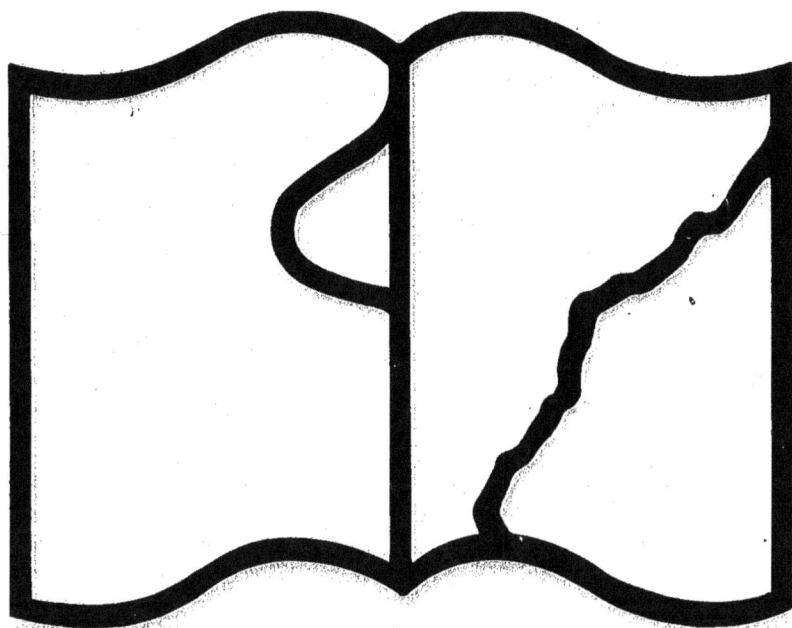

Texte détérioré — reliure défectueuse

NF Z 43-120-11

www.ingramcontent.com/pod-product-compliance
Lightning Source LLC
LaVergne TN
LVHW050644090426
835512LV00007B/1027